Por/By Dr. Joshua Lawrence Patel Deutsch

Líneas por/Lines by Naiade Caparelli   Colores por/Colors by Matheus Oliveira

Mucho antes de la aparición de los primeros humanos, grandes reptiles llamados dinosaurios vagaban por la Tierra.

Long before the appearance of the earliest humans, large reptiles called dinosaurs roamed the Earth.

Los dinosaurios vivieron desde hace 233 millones de años hasta hace 66 millones de años, un lapso de tiempo de casi 200 millones de años. Desaparecieron alrededor de 60 millones de años antes de la evolución de los primeros humanos.

Dinosaurs lived from 233 million years ago until 66 million years ago, a timespan of nearly 200 million years. They disappeared around sixty million years before the evolution of the first humans.

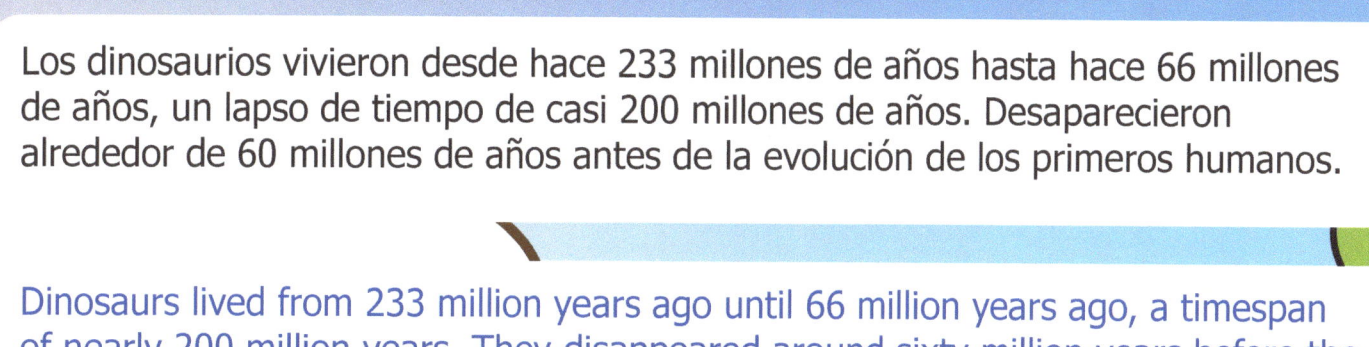

Los humanos se enteraron de los dinosaurios al descubrir sus huesos. Bajo las condiciones adecuadas, los huesos enterrados en la tierra pueden endurecerse debido a los minerales circundantes en la tierra, preservando los huesos durante millones de años. Los restos conservados de seres que alguna vez vivieron se llaman fósiles. En los últimos miles de años, los humanos han encontrado estos huesos gigantes fosilizados enterrados en lo profundo de la tierra. Solíamos imaginar que pertenecían a dragones, gigantes y monstruos.

Humans learned about the dinosaurs by discovering their bones. Under the right conditions, bones buried in the ground can harden from the surrounding minerals in the soil, thereby preserving the bones for millions of years. Preserved remains of once living things are called fossils. Over the past few thousand years, humans have found these giant, fossilized bones buried deep within the ground. We used to imagine they belonged to dragons, giants, and monsters.

Sin embargo, hace unos doscientos años, los científicos observaron más de cerca, comparando los esqueletos de diferentes dinosaurios, y se dieron cuenta de que los huesos pertenecían a un grupo de criaturas previamente desconocido que vivió en la Tierra hace mucho tiempo.

However, around two hundred years ago, scientists took a closer look—comparing the skeletons of different dinosaurs—and realized that the bones belonged to a previously unknown group of creatures that lived on Earth long ago.

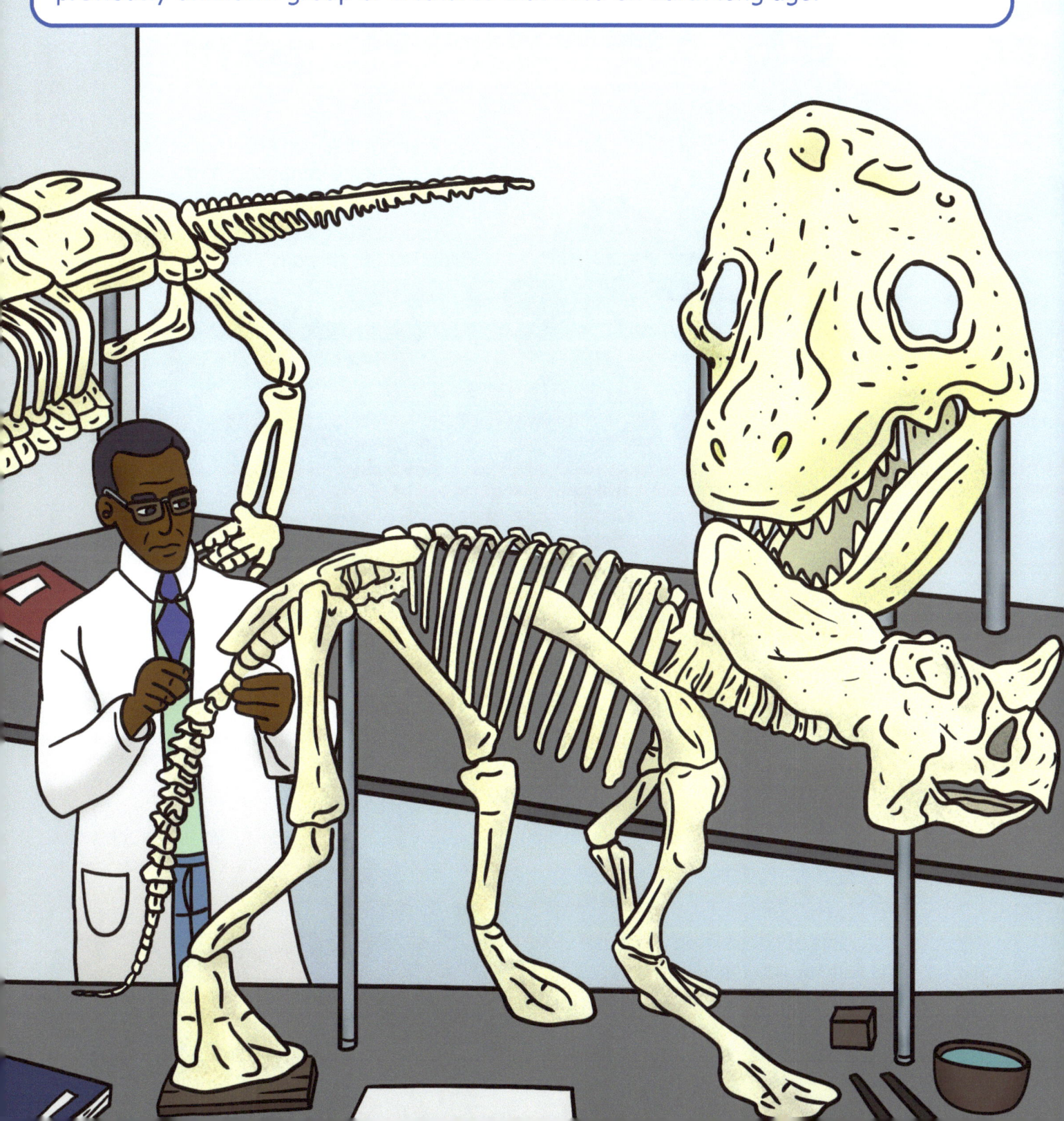

Los esqueletos de los dinosaurios son muy similares a los esqueletos de los reptiles modernos, como los lagartos y las iguanas, por lo que pensamos que los dinosaurios tenían la piel escamosa y ponían sus huevos en nidos. De hecho, la palabra dinosaurio significa "lagarto terrible".

Dinosaur skeletons are very similar to the skeletons of modern-day reptiles, like lizards and iguanas, so we think that dinosaurs had scaly skin and laid their eggs in nests. In fact, the word dinosaur means "terrible lizard."

Reptiles

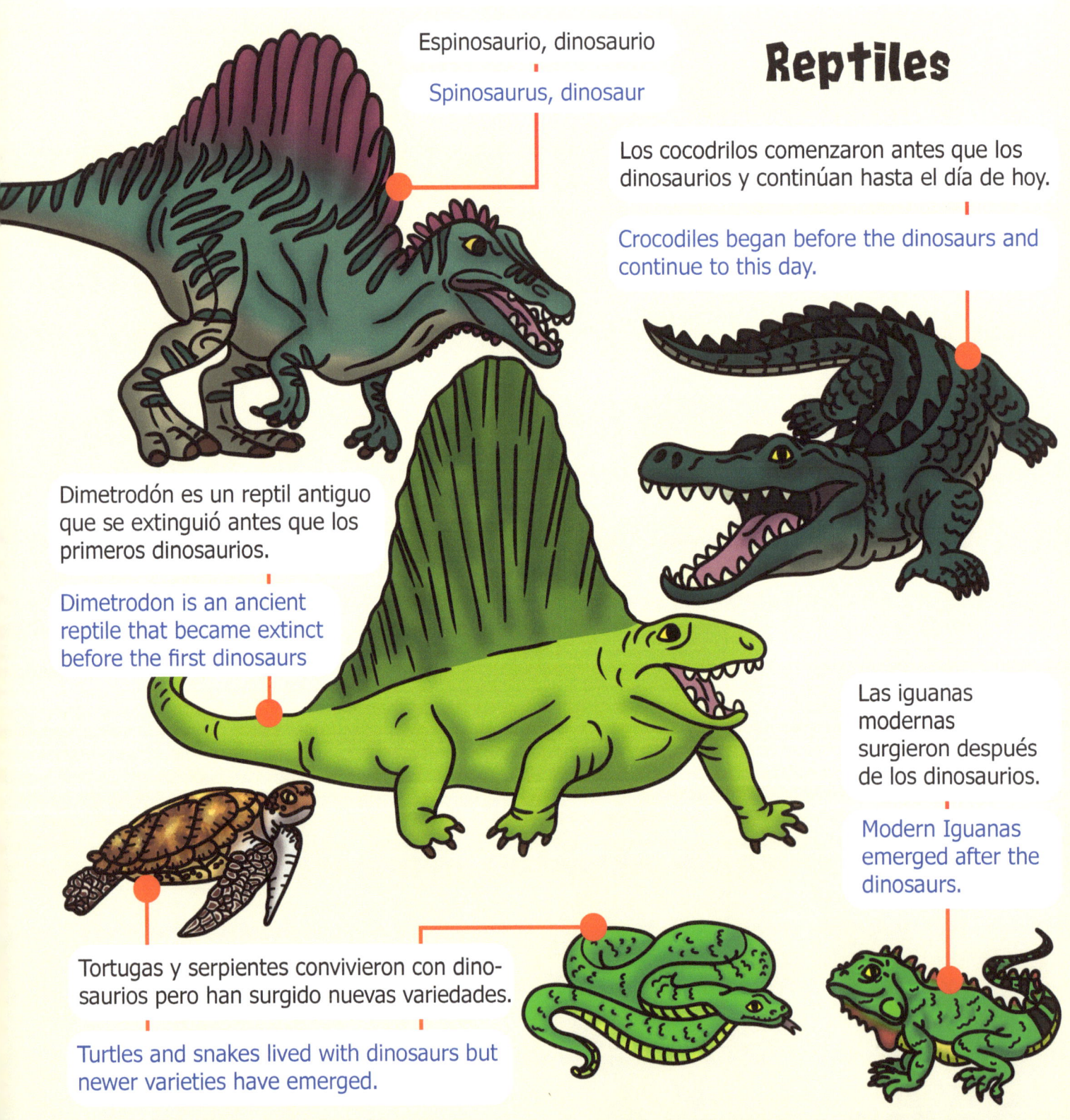

Espinosaurio, dinosaurio

Spinosaurus, dinosaur

Los cocodrilos comenzaron antes que los dinosaurios y continúan hasta el día de hoy.

Crocodiles began before the dinosaurs and continue to this day.

Dimetrodón es un reptil antiguo que se extinguió antes que los primeros dinosaurios.

Dimetrodon is an ancient reptile that became extinct before the first dinosaurs

Las iguanas modernas surgieron después de los dinosaurios.

Modern Iguanas emerged after the dinosaurs.

Tortugas y serpientes convivieron con dinosaurios pero han surgido nuevas variedades.

Turtles and snakes lived with dinosaurs but newer varieties have emerged.

Uno de los primeros dinosaurios jamás descubiertos se llamó Iguanodón. Iguanodón era un dinosaurio herbívoro que medía treinta pies de largo y pesaba de cuatro a cinco toneladas. En comparación, un elefante adulto también pesa entre cuatro y cinco toneladas, pero mide solo veinte pies de largo.

One of the first dinosaurs ever discovered was named Iguanodon. Iguanodon was a plant-eating dinosaur that measured thirty feet long and weighed four to five tons. By comparison, an adult elephant also weighs four to five tons but is only twenty feet long.

El dinosaurio más grande jamás descubierto se llamó Argentinosaurio. Encontrado inicialmente en un rancho en Argentina, el Argentinosaurio medía cien pies de largo y pesaba sesenta toneladas, lo que lo convierte en el animal terrestre más grande en la historia de la Tierra.

The largest dinosaur ever discovered was named Argentinosaurus. Initially found on a ranch in Argentina, Argentinosaurus was one hundred feet long and weighed sixty tons, making it the largest land animal in the history of the Earth.

El Argentinosaurio pertenece a un grupo de dinosaurios herbívoros llamados saurópodos, que tenían cuatro patas, cuellos largos, colas largas y cabezas pequeñas. Otros dos saurópodos que rivalizaban con el Argentinosaurio en tamaño eran el Supersaurio y el Maraapunisaurio.

Argentinosaurus belongs to a group of plant-eating dinosaurs called sauropods, which had four legs, long necks, long tails, and small heads. Two other sauropods that rivaled Argentinosaurus in size were Supersaurus and Maraapunisaurus.

Otros saurópodos famosos incluyen el Braquiosaurio, el Brontosaurio, el Diplodocus y el Apatosaurio. El Braquiosaurio tenía patas delanteras largas y un cuello largo, lo que le permitía alcanzar las hojas de árboles de treinta pies de altura.

Other famous sauropods include Brachiosaurus, Brontosaurus, Diplodocus, and Apatosaurus. Brachiosaurus had long front legs and a long neck, allowing it to reach the leaves of thirty-foot-tall trees.

Braquiosaurio

Brachiosaurus

El dinosaurio más feroz era un carnívoro llamado Tyranosaurio rex. El T. rex medía cuarenta pies de altura y tenía dientes afilados del tamaño de plátanos. T. Rex tenía una fuerza de mordida de más de 10,000 libras, lo que le permitía aplastar los huesos de su presa.

The fiercest dinosaur was a meat eater named Tyrannosaurus rex. T. rex stood forty feet tall and had sharp teeth the size of bananas. T. rex had a bite force of over ten thousand pounds, allowing it to crush the bones of its prey.

No obstante, la mayoría de los dinosaurios eran herbívoros, lo que significa que solo comían plantas. El Estegosaurio era un dinosaurio de veinticinco pies de largo que comía principalmente plantas y arbustos pequeños. El Estegosaurio tenía placas óseas en la espalda y una cola con púas para protegerlo de los depredadores.

Nonetheless, most dinosaurs were herbivores meaning they only ate plants. Stegosaurus was a twenty-five-foot-long dinosaur that ate mostly bushes and small shrubs. Stegosaurus had bony plates on its back and a spiked tail to protect it from predators.

El Triceratops era un dinosaurio herbívoro, más grande que un elefante, con 3 cuernos en la cara. El Triceratops a menudo tuvo que luchar contra el T. Rex, usando sus cuernos para defenderse.

Triceratops was a plant-eating dinosaur, bigger than an elephant, with three horns on its face. Triceratops often had to battle against T. rex using its horns to defend itself.

El Pterodáctilo era un dinosaurio volador con una envergadura de tres pies de largo. Los Pterodáctilos podían descender en picado de los árboles y atrapar pequeños animales con sus picos.

Pterodactyl was a flying dinosaur with a three-foot-long wingspan. Pterodactyls could swoop down from trees and catch small animals with their beaks.

Los Velocirraptores eran dinosaurios carnívoros de cinco pies de alto y cuarenta libras con dientes afilados y garras. Los velocirraptores tenían una excelente audición que usaban para rastrear a sus presas. A veces, cazaban en grupos. Ahora sabemos que los velocirraptores tenían plumas, ¡aunque no podían volar!

Velociraptors were five-foot-tall, forty-pound, meat-eating dinosaurs with sharp teeth and claws. Velociraptors had excellent hearing, which they used to track their prey. Sometimes they hunted in groups. We now know that Velociraptors had feathers even though they couldn't fly!

Las aves evolucionaron a partir de dinosaurios plumíferos de dos patas durante decenas de millones de años. Una vez que los dinosaurios de dos patas desarrollaron plumas, la reducción de tamaño les permitió deslizarse y eventualmente volar. El Archaeopteryx a menudo se considera la especie cruzada entre dinosaurios y aves. Aunque los dinosaurios se extinguieron hace 66 millones de años, algunos de sus descendientes aún viven en forma de pájaro.

Birds evolved from two-legged, feathered dinosaurs over tens of millions of years. Once two-legged dinosaurs developed feathers, shrinking in size enabled them to glide and eventually fly. Archaeopteryx is often considered the crossover species between dinosaurs and birds. Although dinosaurs have been extinct for 66 million years, some of their descendants still live on in bird form.

Archaeopteryx, extinto

Archaeopteryx, extinct

Los científicos que excavan en busca de huesos de dinosaurios se llaman paleontólogos. Los paleontólogos han encontrado esqueletos de dinosaurios casi completos, que ahora se pueden ver en los museos de historia natural de todo el mundo.

Scientists who dig for dinosaur bones are called paleontologists. Paleontologists have found nearly complete skeletons of dinosaurs which can now be viewed in museums of natural history worldwide.

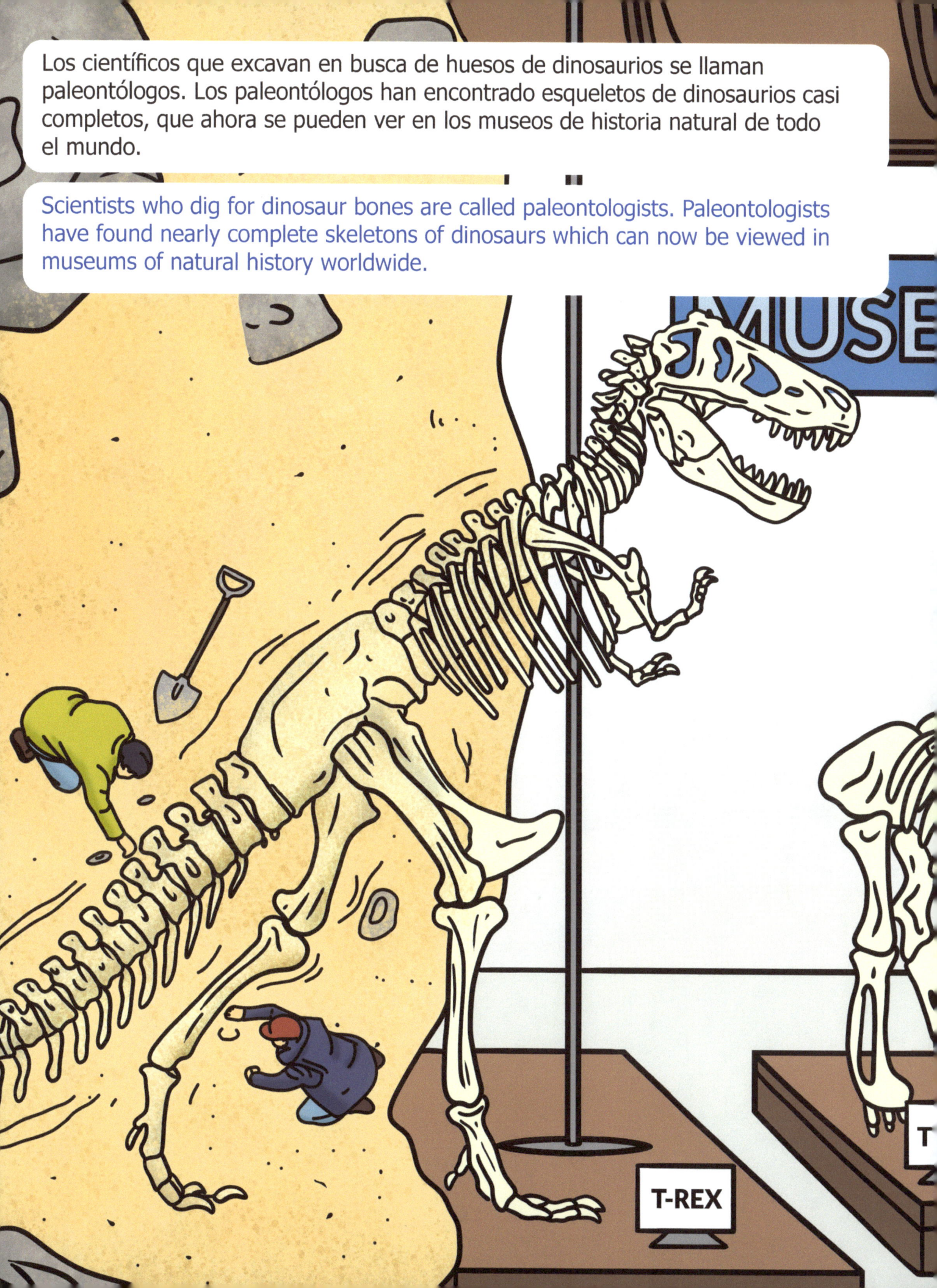

La era de los dinosaurios terminó repentinamente, hace 66 millones de años, cuando un asteroide de más de 5 millas de ancho se estrelló contra la Tierra cerca de Cancún, México. El polvo del impacto bloqueó el sol, provocando una edad de hielo que mató a la mayoría de las plantas y acabó con el suministro de alimentos para los dinosaurios.

The dinosaurs' time ended suddenly, 66 million years ago, when an asteroid over five miles wide crashed into the Earth near Cancun, Mexico. The dust from the impact blocked out the sun causing an ice age that killed most of the plants and wiped out the food supply for the dinosaurs.

El Triceratops era un dinosaurio herbívoro, más grande que un elefante, con 3 cuernos en la cara. El Triceratops a menudo tuvo que luchar contra el T. Rex, usando sus cuernos para defenderse.

Triceratops was a plant-eating dinosaur, bigger than an elephant, with three horns on its face. Triceratops often had to battle against T. rex using its horns to defend itself.

El Pterodáctilo era un dinosaurio volador con una envergadura de tres pies de largo. Los Pterodáctilos podían descender en picado de los árboles y atrapar pequeños animales con sus picos.

Pterodactyl was a flying dinosaur with a three-foot-long wingspan. Pterodactyls could swoop down from trees and catch small animals with their beaks.

Los Velocirraptores eran dinosaurios carnívoros de cinco pies de alto y cuarenta libras con dientes afilados y garras. Los velocirraptores tenían una excelente audición que usaban para rastrear a sus presas. A veces, cazaban en grupos. Ahora sabemos que los velocirraptores tenían plumas, ¡aunque no podían volar!

Velociraptors were five-foot-tall, forty-pound, meat-eating dinosaurs with sharp teeth and claws. Velociraptors had excellent hearing, which they used to track their prey. Sometimes they hunted in groups. We now know that Velociraptors had feathers even though they couldn't fly!

Las aves evolucionaron a partir de dinosaurios plumíferos de dos patas durante decenas de millones de años. Una vez que los dinosaurios de dos patas desarrollaron plumas, la reducción de tamaño les permitió deslizarse y eventualmente volar. El Archaeopteryx a menudo se considera la especie cruzada entre dinosaurios y aves. Aunque los dinosaurios se extinguieron hace 66 millones de años, algunos de sus descendientes aún viven en forma de pájaro.

Birds evolved from two-legged, feathered dinosaurs over tens of millions of years. Once two-legged dinosaurs developed feathers, shrinking in size enabled them to glide and eventually fly. Archaeopteryx is often considered the crossover species between dinosaurs and birds. Although dinosaurs have been extinct for 66 million years, some of their descendants still live on in bird form.

Archaeopteryx, extinto

Archaeopteryx, extinct

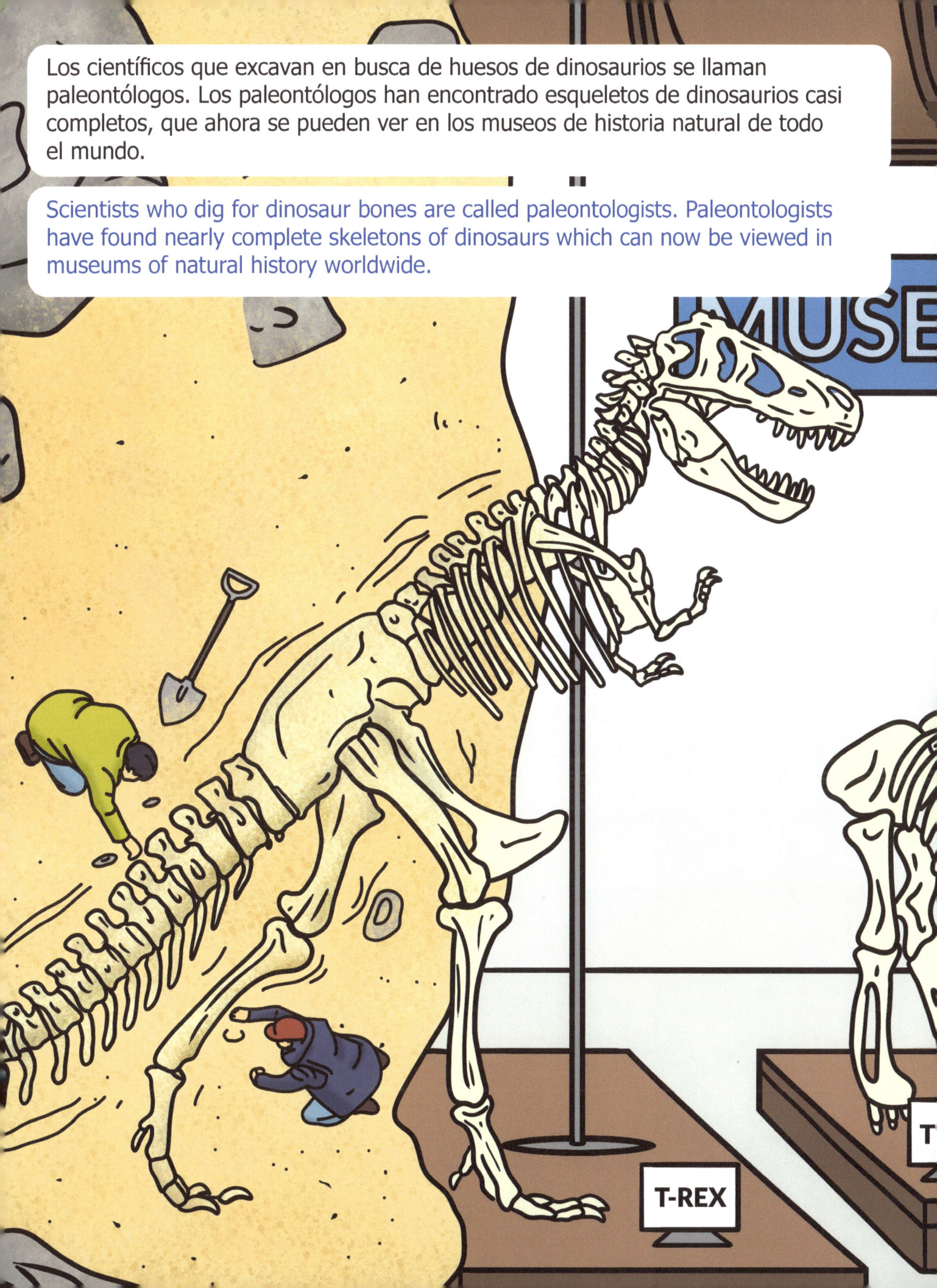

La era de los dinosaurios terminó repentinamente, hace 66 millones de años, cuando un asteroide de más de 5 millas de ancho se estrelló contra la Tierra cerca de Cancún, México. El polvo del impacto bloqueó el sol, provocando una edad de hielo que mató a la mayoría de las plantas y acabó con el suministro de alimentos para los dinosaurios.

The dinosaurs' time ended suddenly, 66 million years ago, when an asteroid over five miles wide crashed into the Earth near Cancun, Mexico. The dust from the impact blocked out the sun causing an ice age that killed most of the plants and wiped out the food supply for the dinosaurs.

Tres cuartas partes de las especies de plantas y animales en la Tierra murieron durante este evento de extinción masiva. Sin embargo, algunas de las aves pequeñas, reptiles, y mamíferos parecidos a roedores pudieron sobrevivir. Sin la competencia de los dinosaurios, los mamíferos crecieron en tamaño y complejidad, evolucionando hasta convertirse en monos y luego en humanos. Si no fuera por el asteroide que acabó con los dinosaurios, es posible que los humanos nunca hubieran llegado a existir.

Three-quarters of plant and animal species on Earth died during this mass extinction event. However, some of the small birds, reptiles, and rodent-like mammals were able to survive. Without competition from the dinosaurs, mammals grew in size and complexity, evolving into monkeys, and later into humans. If not for the asteroid that killed off the dinosaurs, humans may never have come to be.

Los humanos, incluidos nuestros primeros ancestros, han vivido en la Tierra durante solo cinco millones de años, en comparación con los 200 millones de los dinosaurios. El reinado de los dinosaurios nos enseña que nuestra prominencia en el mundo moderno nunca fue inevitable y es poco probable que sea permanente. Debemos atesorar nuestra posición privilegiada en este planeta y tomar decisiones inteligentes para salvaguardar nuestra supervivencia.

Humans, including our earliest ancestors, have lived on Earth for only five million years compared to 200 million for the dinosaurs. The reign of the dinosaurs teaches us that our prominence in the modern world was never inevitable and is unlikely to be permanent. We ought to treasure our privileged position on this planet and make intelligent decisions to safeguard our survival.

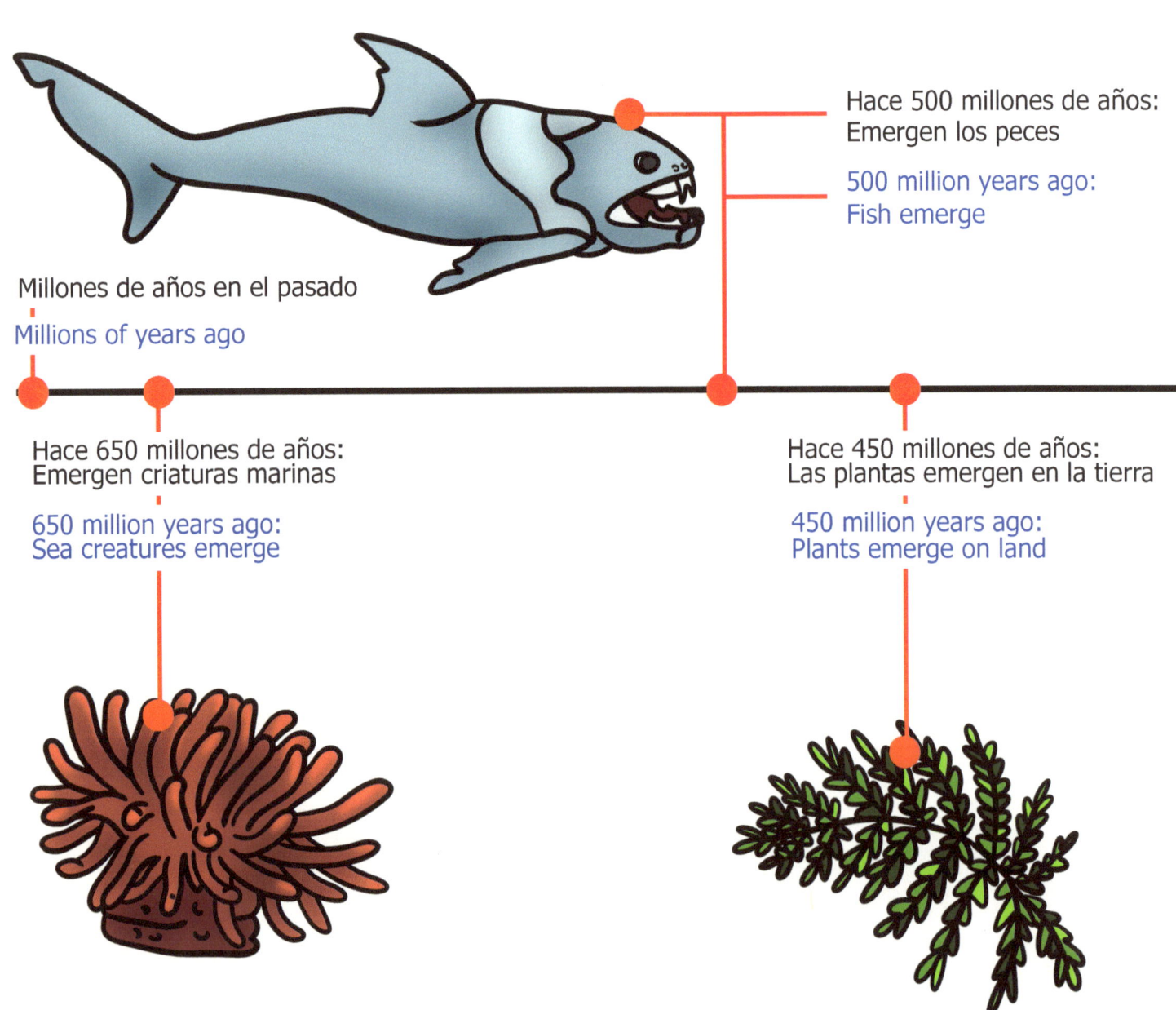

Hace 500 millones de años:
Emergen los peces

500 million years ago:
Fish emerge

Millones de años en el pasado

Millions of years ago

Hace 650 millones de años:
Emergen criaturas marinas

650 million years ago:
Sea creatures emerge

Hace 450 millones de años:
Las plantas emergen en la tierra

450 million years ago:
Plants emerge on land

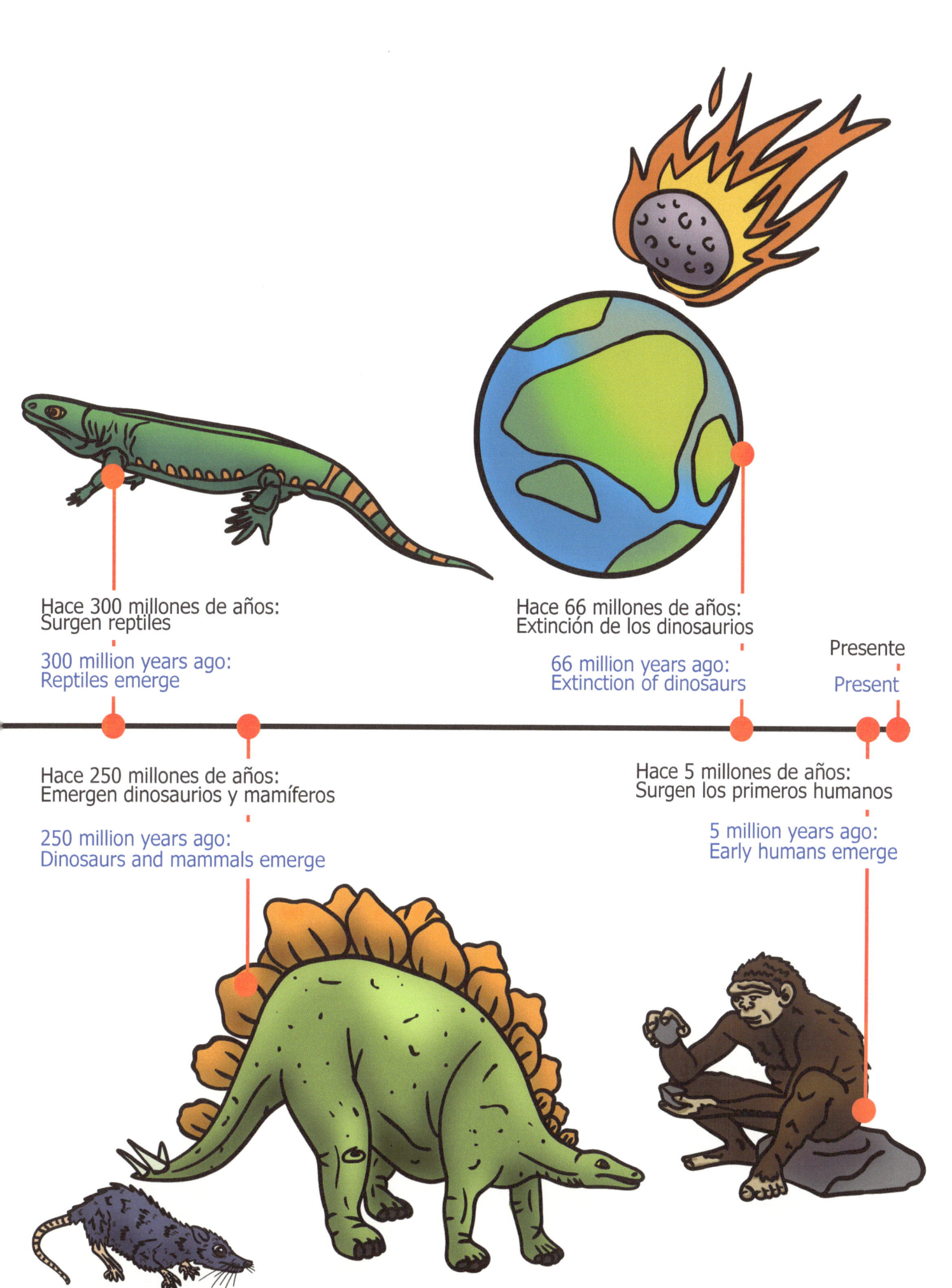

En promedio, un asteroide de magnitud similar choca con la Tierra cada 100 millones de años. Nos enfrentamos a amenazas más urgentes para nuestra supervivencia de la guerra, las armas nucleares, las enfermedades infecciosas y la destrucción del medio ambiente. A diferencia de los dinosaurios, somos lo suficientemente inteligentes para proteger la vida en la Tierra, pero lo suficientemente poderosos para causar nuestra propia desaparición.

On average, an asteroid of similar magnitude collides with the Earth every 100 million years. We face more urgent threats to our survival from war, nuclear weapons, infectious disease, and environmental destruction. Unlike the dinosaurs, we are intelligent enough to protect life on Earth yet powerful enough to cause our own demise.

Los dinosaurios son algunas de las criaturas más asombrosas que nuestro planeta haya producido jamás. Nos enseñan que la vida en la Tierra es antigua, variada y ciertamente no garantizada.

Dinosaurs are some of the most awesome creatures our planet has ever produced. They teach us that life on Earth is old, varied, and certainly not guaranteed.

Otros libros de este autor
Other books by this author

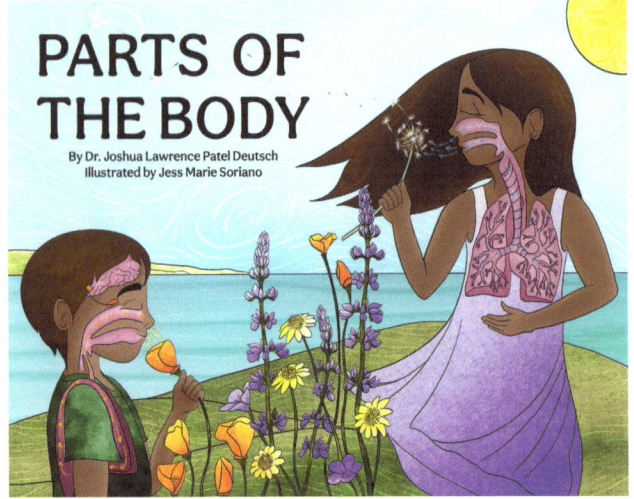
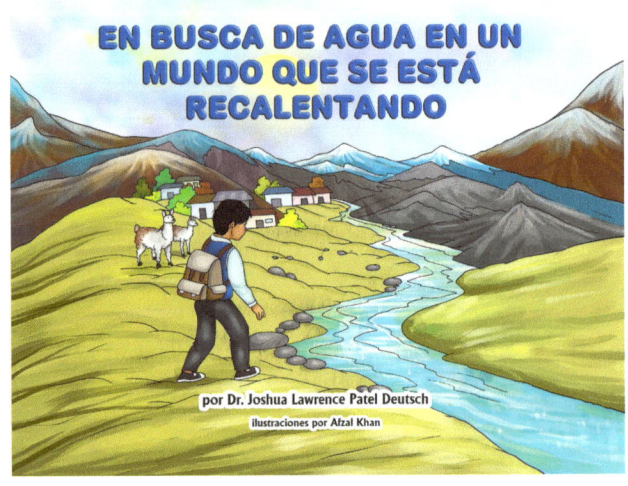
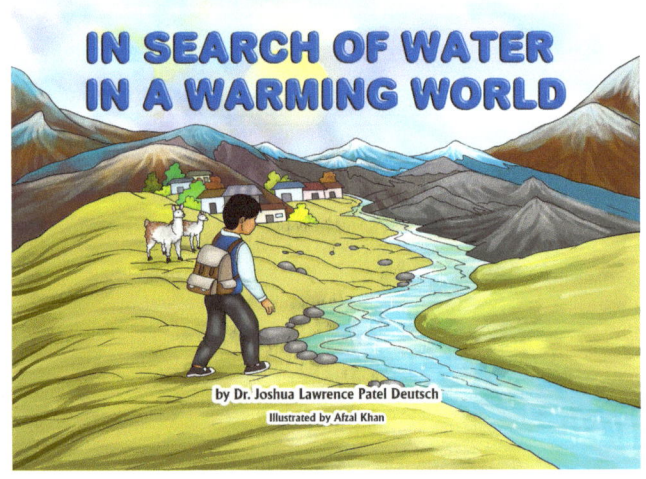

www.ingramcontent.com/pod-product-compliance
Lightning Source LLC
LaVergne TN
LVHW071700060526
838201LV00037B/395